도일 스님이 꿈꾸는 세상

아히야, 청산 가자

도일스님 제3 선시집

도서출판 코레드

천지의 공간에서 숨 쉬고 사유하며

이 천지의 공간 안에서
숨 쉬구 사유하며
많은 메시지를 전했네.

님이라는 표현두
사랑이라는 설레임두
부처님 안에서는 가능했구나!

오직 존자의 가르침 속에서
날이 새구 해 저문 서녘을 바라보며
수행자의 옷을 벗었네!

그동안 많은 질타와 편견 속에서
힘든 시간두 많았지만.
따뜻한 마음으로 함께 해주신
님들이 있었기에
모두를 위한 법문을 할 수 있었구나.

기해년 우란분절을 맞으며
천지의 산승 도 일

목 차

part 2 천지의 물소리

part 3 풍경소리 바람 소리

part 4 능소화 피는 계절에

part 5 무문관의 목탁 소리

part 6 화장세계를 그리며

part

1

약산에 봄이 오면

봄이 오는 길목

봄이 찾아오는 길목을
소리 없이 시샘하네.

꽁꽁 얼어붙은 동토의 밑바닥에서 조금씩
새로운 변화가 일겠지.
아주 작은 미미한 변화의 움직임들.
누가 알까.
봄이 찾아오는 길목을
소리 없이 시샘하네.

대웅전 앞 작은 도랑은
겹겹이 얼음으로 가득하구
용왕당 샘물두 하얗게 서리웠네.
오늘 새벽에는 풍경두 잠이 들구
촛불도 추위에 떠는데
텅빈 공간에 님과의 독대로
마음을 열어 본다.

정초기도 회향

옹호 성중 만 허공
허공 가득 얻고자 하는
지혜 넘쳐나도
겉도는 마음이야 어찌하누!
그대! 무엇을 도라 하는가?

넘쳐나는 경전 구절
스승의 경계 없이 올리구 내려놓으니
부질없는 실상이네.
눈앞의 현상은 무엇을 말함인가!

물은 물대루 바람은 바람대루
오고 감이 여여한데
한 생각 거침없이 허공을 질타하네!

누가?
천하에 새벽바람 알리려나.

삼보의 이름으로

정월 대보름 달이 휘영청
추녀 끝에 걸리구
명암이 조금씩 변하려 하는구나.
꽃샘 추위련가!
치악재를 넘다 보니 산 위에 백설이 장관을 이루네.
설중 매화는 어느결에
내 곁에서 봄을 노래 하것만.
함께 울어주던 파랑새는 이미 날아 가구 없구나!

보름에 찰밥은 양주에 사는 벗님네 한솥 지어서
차에 실어 부처님 전에
공양 올리라 하구
먼길 다녀올 제 만난 인연들
아쉬움을 뒤로 한 채 청산으로 돌아왔네!
임은 내게 한없이 고마운데
무엇으로 보답할거나
그대여 사랑합니데이.

오늘 새벽예불은 님들을 위한 기도를 했네!
비록, 함께 하진 못하지만
내생에 가슴 따뜻한 인연으로
부처님 전에 향 사르리.
법의 향기 전할 적에 모든 대중이 함께하고
이름 없는 자리에서 포대 화상이
걸어간 길을 가려하네!

무상아, 무상아

모든 만물이 저마다
용틀임하고, 기지개를 펴려 하는데.
매화꽃 봉오리 한층 더
부풀어 오르고
봄의 소리는 벌통 앞에서도 소리를 낸다.
앞 여울 물가에 피어오르는
버들가지 사랑을 머금구
산비둘기 날아와 사랑가를 부르구나!

언제 다시 저 장강에 배 띄워
사랑가를 노래하리.
시절은 변해 가구 경칩의 춘절두
무색하기만 하네.
원앙은 날아와 여여롭기만 한데..!
꿈꾸던 연두 빛 사랑은
이미 시절을 되돌릴 수 없구나.
가사 장삼 속에 물결치던
뜨거운 심장도 한낮 꿈인 것을.

깊은 저녁노을 앞에서
나는 무엇을 꿈꾸어야 하는가!
지난 시간을 뒤돌아보는
회한의 시간은 아닐런지.
이미 운무 아래 돌아갈 길마저 잊은 지 오래련만.
석양빛 노을 속에 나를 비춰보려 하네!
무상아, 무상아, 무상아!
너를 쫓아 삼십 년을 헤메였구나!

그대 향기로 그리움을 대신하리

동백꽃 아름다운 춘절에 가면
그대 그리움으로 힘들진 않을런지.
오늘 이 마음 천년을 가려해두
가는 길 걸림이 많구나!

아!
나는 백설이 천지루
휘감긴 산마루에서
동백꽃 보낸 마음에 연서를 띄우노니
그대 향기로
그리움을 대신하리.

벗이여 행복하소서

스므 닷세 달은
새벽녘에 남산 상수리
나무 위에 걸려 있구
엊그제 내린 눈은 아직두 그대루 인데.
마음은 꽃피는 봄날을 고대하네.
눈이 오면 때로는 어린아이처럼 들뜨기두 하련만.
같은 마음으로 함께 놀아줄 동무가 없구나!

마음은 아직두 동심인데.
그 누가 알아주리
어제는 먼 곳에서 반가운 벗님이
눈 이불 덮어 쓰구 달려왔네.
토굴 속에 홍시 내어 놓구
따순 차 한 잔 내었지.
그리운 님 사진 훔칠 순 없어 차마 올리진 못하구
이십 년 함께 나눈 마음만 여기에 남기는구나!

산중에서 애인 기다리듯
내 말 들어줄 이 기다리네.
같은 세월을 산다는 거
서루 보듬을 수 있는 마음이 있어 행복하다.
산승의 말 믿어준 그대가 고맙구
먼길 달려온 그 마음
벌써 강산이 두 번 변하려 하는구나.
벗이여 행복하소서.

성도 재일의 법문

수행자의 삶은
청빈으로부터 시작이 아닐런가!
내려놓을 것두 욕심낼 것두 없는 무소유적인 삶.

오늘 고타마 붇다께서
육년의 긴 침묵을 깨고 메마른 자리에
진리의 가르침을 전하기 위해서
새벽 별 명멸하는 찰라의 순간을 내게 보여왔다.

제사장들의 침상은 장엄해두
무릇 성상의 자리에 드는
수행자의 자리는 고요할 뿐
찾는 이두, 법을 논하는 이두 없구나!

아! 무엇을 전할거나.
밤을 새워 철야 정진을 해두 꼭두각시일 뿐.
그대의 심장을 무엇으루 뜨겁게 달구리.

틀 안에 갇혀버린 붇다여!
오늘 나는 무엇을 간구해야 하는가?
백설이 잔잔한 자리에
족적을 남기고 가는 이 누굴런고.

노새의 등을 타구
예루살렘으로 드는 성자두
왕궁을 넘어 청빈의 자리에 선 성자두
스스로의 자성이 빛났을 뿐.

누더기 한 벌이면 어떠하리
부귀두 명예두 내겐 없네.
경전은 덮은 지 오래이구
빛바랜 가사 장삼만 남는구나!

천지에 봄은 숨 가쁘게 달려오구

끝내 오는 봄을 어이하랴.!
메마른 들녘으로 번지는
봄의 숨 막히는 환희로움을
그대는 아시는가!

버들강아지 곰슬곰슬
부풀어 오르고
냇가 물속에 고기들두
앞서거니 뒤서거니 경이롭다.

세상은 온통 봄의 입김에
들떠가는데 이 작은 토굴에
봄은 무엇으로 환희심 가득 할거나!

염불 소리두 경쾌하다
새벽잠은 멀리 달아나고
오늘 할 일들을 곰곰이
마음 챙김하면서 농사 일지를 보네.

너른 밭 작년 콩밭에 비닐두
걷어야 하구 고추 참깨 들깨밭
비닐들도 걷어야 하는데 어이 다 할꼬!

음지 밭 가엔 냉이가 봄의
기지개를 펴고
나의 님을 손짓하여 부르는데.
임은 아직 꿈속이라 소식이 없네.

어느 날 또다시
내게 꽃피는 봄날이 오려는가

섣달 스므 나흘 달이
남산에서 한 뼘쯤 걸려 있구
북두칠성은 머리 위로
중심에 서 있네.
송곳으로 찌르는 듯한
매서운 한파 고래 힘줄처럼 질기기만 한데.
이 겨울 어찌 지나갈꼬?

시절은 봄을 부르는데
얼어버린 마음은 아직두 동토의
깊은 계곡을 헤메이네.
무엇으로 허기진 마음을 채울거나.
법열로 환희심 가득했던
시절두 있었으련만.

주름진 노사의 소맷자락 속에선
한점의 온기두 없구나.
저 겨울을 맞는 상수리나무 가지처럼!
어느 날 또다시 내게
꽃피는 봄날이 오려는가!
약산에 핀 연화여
약산에 핀 연화여.

봄은 희망이 샘 솟구

들녘으로 번지는 봄의 용틀임을 아시는가?
노랑나비 작은 날개 짓 속에두
봄은 희망이 샘 솟구
양짓가 작은 이름 없는 생명도 사랑 품어오는데.
그대는 다가오는 이 봄을
어이 맞을런지!
마음에 품어온 연정
노란 꽃망울 되어 여리게두 피워내는구나!

저 보드러운 꽃잎에 입맞춤하려는데
가슴은 이미 연두빛 불을 지른다.
님은 오는 봄을 저리두 어여쁘게 피우련만!
나는 무엇을 꿈꾸어야 하는가.
문 없는 문을 들어와
법화 가득한 꽃길을 걸으려 세상의 옷 벗었는데!
이 몸은 어느결에 꽃 피우리
나를 사랑하는 님아!

육환장 소리 귓가에 쟁쟁한데
처처로 내리는 법 비는
알고 알지 못하는 경계려니.
누가 새벽의 고요를 알릴거나
내 옆에 호랑이 내려서고
관운장의 기개로 오신 님이시여!
천하를 호령할지니
상고의 법 전할 적에
나의 존재가 드러나려네!
대방광불, 대방광불, 대방광불!

춘분의 절기에

도룡농이 용왕 당 물가에
알을 낳구 개구리 소리두
잠잠하던 천지의 도량에 봄을 불러오네!
향기 짙은 매화 향기는
아직두 꿈속에 있구
순서를 조금은 뒤바뀐
천지의 뜨락엔
언제 꽃향기 불어오려는지.

어저께는 봄비가 많이두 왔네
밭 일을 해야 하는데
비 온 뒤 들녘의 일을 어이 할거나.
부지런한 농부는
감자 씨를 장만하여 밭에 나가련만.
나는 무엇을 심어야 할런지
아직 셈을 못 했네.

오늘은 먼 데서 손님이 온다 했는데
하늘은 아직두 고약하기만 하구나.
청청 맑으면 좋으련만
마음줄 놓아 천지의 인연이 되기를
기대했던 마음에
환희심 가득하기를 빌어 본다.
따순차 준비할거나!

용왕당 물빛이 청아하다

용왕당 물빛이 청아하다
겨우내 움츠렸던
작은 쉼터에 향 내음 가득한 봄을 불러 보네.

아.!
그토록 사무치게 가슴 앓이 했던
기억두 봄이련만.
이곳에 앉아보니 무상한 생각이 드는구나!

어젯밤 꿈속에 나타난
큰 거북이 오늘 내게
미묘한 가르침 주려는가…?
용왕님의 시자여!

산신각 옆으루 흐르는
작은 도랑은 정겨움을 더하구
산새들 찾아와 노래하니
편안한 일상을 여기서 찾네!

세상 사람들아!
힘들구 고 닯으면 여기 샘터에 잠시 쉬어보게
고요하면 법의 자리 보이리니.

말 없는 법 전 하구 받을 때에
경계가 사라지니
도 아닌 것이 없구나.!
시방의 벗이여.

일체유심조

산신각 촛불은 희미하구
사방은 적멸 속에 머무는데
어둠 속 저편에선 비우새 한 마리가
구슬프게두 울어오네!
어둠 속에 숨어 우는 그대는
무슨 사연 있으련만.
류가 달라 서로가 서로를 알아보지 못하구나!

하늘은 어두운 그림자 드리우구
오늘 밤은 별도 구름에 가리운다.
봄밤이면 찾아오는 그대는
사무치는 마음을 어이 할거나.
하늘두 울어올 듯 잦아드는데.
애절한 마음만 천지루 가득하네!

몸은 어제의 일루 무거운데
수행의 끈 놓을 수 없어
너와 내가 홀로 깨었구나!
향 내음 가득한 법상에
깨어있는 의식만 절절 하구
허공 속에 메아리지는
노사의 법문은 나를 일깨우네!
약인 욕요지 삼세 일체불
응관 법계성 일체유심조.

꽃비가 온다

꽃비가 온다
가녀린 자태가 빗속에 눈물 되어 천지루 흩날리네.
어느 여인네의 한 일런고!

기다림 속에 지친 그대는
볼을 타구 흐르는 저 눈물처럼
슬픈 곡절이 뜨락에 고이구나!
아, 나의 수줍은 님아.

연두 빛 물결 이룰 때면
가슴 설레던 기억 여전한데.
장강에 떠내려오는
내 님의 흔적은 엷은 눈물이어라.

바람은 어찌 그리두 야속한지.
저 여린 처녀의 속살을 헤집는다
님은 아직 미동두 아니한데.

나를 사랑하던 그대여!
지난날 맺은 연약은 평생 가는 줄 알았는데
오늘 청산에 꽃비 되어 내리구나.

산신각 뒤에 숨어 우는
슬픈 비우새는
밤 깊도록 울어 오것만.
무소의 한은 소식이 없네!

절절했던 마음은 어디루 갔으려누

물가에 소금쟁이 날아와 헤엄치구
도룡뇽의 알은 주저리주저리
물속에 잠겨 있네!
수줍게 다가오는 저 붉은
자줏빛 내 님은 환희심으로 다가온다.

천지의 봄두 활기를 열어가는데
저 촛불 사이루 드는 사색의 마음에는
초월만이 넘나들 뿐.
망부석 되어버린 마음엔 온기마저 없구나!

절절했던 마음은 어디루 갔으려누?
동백꽃은 저리두 고우련만
약산에 하나둘씩 진달래 님을 부르는데.
꿈속에선 소박맞은 여인네만 오구가네.

새벽녘 찾아오는 비우새두
무엇이 그리두 서러운지.
몰래 산신각 뒤에서 숨어 우는구나!
어느 여인네의 한 일런고.
약산은 이미 봄을 맞았는데
사색 속에 잠긴 마음속엔 여유조차 없구나.

저 여린 연두 빛 어쩌누

바람은 산허리를 타구
회오리를 치는데 어쩌누?
저 여린 연두 빛 아직 피지두 않았는데.
이일이 야속하구나!

산으루 오르는 길에
할미꽃 이제 눈길 마주치네.
너와의 만남은 항상 이맘때인 것 같다.
나는 네게 마음을 주었건만.
그대는 나를 알아보려는가?

미소짓는 저 여인의 숨결처럼
몰아치는 광풍에
나의 연인이여! 너는 어찌 견디려누.
산들바람만 불어오면 좋으련만
모진 나무 새로
연두 빛 바람을 일으키네!

건너 산에 노루는
짝을 찾는 소리루 가득 하구
해는 이미 서산에 집을 짓네.
어여 밤 되기 전에
촛불이나 밝혀 봐야겠다.

풍경소리 고적한 산사에 울림으루
여운이 깊다.
천지의 봄날에.

part

2

❧

천지의 물소리

삭발염의 했으련만

용왕 당 물에두
몇 일새에 이끼가 낀다.
간간히 돌 위에 멧새 한 마리
날아오구 낙엽만 횅하니
뒹구는 적막감만 머물구나.

어제는 설 명절이라
찾는 이는 없어두 가지가지
차례 음식을 장만했네.
안동의 명물 안동 식혜두 담구
연근 뿌리 튀김두 만드는데.
아삭아삭하니 맛이 괜찮네.

푸짐한 차례상에 비록 깨끼 한복은 아니지만
정갈한 두루마기 가사 장삼을
걸치구 제례를 지냈구나.

지난날 아버님처럼 세월 앞에 나두
어느새 이만큼 되어 버렸네.
손녀에게 세배 돈두 줘야 하는
그런 할애비의 모습이 되었구나!
잔잔한 마음에 파문이 일구
저녁나절 상좌스님들 찾아왔네.

이미 출가 전 인연 지우려
삭발염의 했으련만 승이 속이요.
속이 승인 것을 굳이 헤아려 무엇하누!
오늘은 먼 데서 누가 오려는가.
먼 허공에다 말을 건네 본다.
아직두 산문 밖 그리움들은 메아리저 머무는구나.

마음을 나눈 벗들이여!
부디 행복한 일만 가득하시길
촛불이 다할 때 까지
축원하오리니 행복하소서!

천지는 이리두 환희로움인데

창문밖에 느티나무
어느결에 여름 옷으루
갈아 입구 싱그러움 가득
몰구 오는구나!
눈으로 보는 천지는 이리두 환희로움인데
바람은 추녀 끝 풍경을
소리 내어 울게 하네.
누가 저리두 아픈 바람을 몰구 올꼬!

저 산천에 이름 없는 그대는
우산을 비껴 쓰구 님을 기다리는데.
아직두 명지 솜털 그대루
수줍게 서 있구나.

아! 곱디고운 님의 모습
순수를 닮았어라
저 여린 향기
바람불고 비바람 지나가면
임은 어느새 곱지만은 않으려네!

용왕당 물빛이 청아하다.
간간히 꽃잎은 하나둘씩 내려앉아
꽃잎 차 띄워놓고
님의 향기 도량에 그윽하면
님은 어느새 깊은 심지로 스며드네!

지난날 날아오던
파랑새 올해에는 소식이 오려는가?

아버지

부르다 목이 메일 이름이여!
내 나이 아버님 세월을 살고서
이제 조금이나마 아버님 마음 헤아려보네.
가고 안 계신 자리
한없이 눈물이 고여 온다.
자식 앞에 힘든 내색 안 보이시려
강하고 엄격하시기만 하시던 아버님!

주덕장에 나가 종일
돈이 아까워 암 것두 안 드시구
허기진 채 돌아오시던 모습이 눈에 선하건만.
지금까지 아버님을 위해 해드린 게 없구나.

어느 날엔가 손을 다쳐
피가 줄줄 흐르는데 손수 상처에
석유를 바르시구 다시 일하러
나가시는 모습을 보고도 그때는 알지 못하였네.

자식을 위한 격려의 말씀두
자상한 모습두 아니 보이신
아버님이 왜 그리두 야속하던지
이 세월 살고 나니 나 역시 아버님 모습이 되었구나.
안 닮으려 했는데
거울을 보는 듯 아버님의 삶을 이어받았네.

못난 자식놈을 감방에 안 보내시려
경찰서에 가서 조사를 받으면서두
끝까지 숨겨주시던 아버님.
자식을 위한 길을 말 없이 보여 오셨것만,
나는 아무것도 해드릴 수가 없구나.
아버님 전에 참회합니다.
아버님 전에 참회합니다.
아버님 전에 참회합니다.

나는 무엇을 꿈꾸어야 하는가!

나는 무엇을 꿈꾸어야 하는가!
이상향의 삶.
내가 지향하고 그 이상향의
꿈을 이루고자
눈으로 보여준 가르침의 삶들을
모두에게 전하구 싶었는데.
부질없으려는가?

백장 스님의
일일 부작이면 일일 불식이라
법으루 전해지는 경계 이외의 가르침들을
무엇으로 보여줄꼬. 아!
그대는 지척에 부처를 두고두
눈 멀구 귀먹어 전 하구 받지를 못하구나!

중생 중생아!
책갈피만 두꺼워지는 지식에
반생을 허비 하구두
마음속에 허기는 무엇으로 메울거나!
실천하는 수행자의 삶들을
갈구해야 되지 않을런지.
허공 속에 메아리만 남기구나.

물방개 작은 옹달샘 물가에 맴을 돌구

물방개가
작은 옹달샘 물가에 맴을 돌구
소금챙이두 물 위를 미끄러지듯
헤엄을 치네.
자세히 들여다보노라면 어찌 그리두 여유로운지.
서녘으로 드리운 저녁노을은 깊은 마음에
평안함을 주는구나!

그리 울어오던 매미 소리두
섬돌 새에서 울어오는
귀뚜라미 소리루 대신하구.
달빛은 남산의 소나무 위에 걸리는데.
아직두 정인의 목소리가
귓가에 울려오네!
북두칠성 머리 위에 드리울제
나는 무엇을 위해 기도할 거나!

울을 벗어 놓구
거침없이 살아온 삼십 년 별을 보구 대화했네.
누가 나의 스승인가!
깊은 적막 만이 공부를 함께 해준 벗이였네.
남산에 뜬 저 달은
아직두 꿈결에 연정을 품게 하는구나!
나의 연인이여!

지난 시간을 돌아보며

빗소리 들으며 눈을 감고 있다.
투둑. 투두둑...
계속 반복해서 리듬을 타네!
적막감 도는 산사
새벽 시간 아무도 같이
깨이지 않네!

마음 가득 채워오는
밀물 같은 존재 번뇌일까?

남산 골짜기
바람이 불어오네!
초록빛 물결 이번 비에
싱그러움 더하겠지!
내 마음 불어오는 훈풍 언제 맞으려나.

낮이면 들판에
농부 되구 이른 새벽
누가 나를 깨운 건지.
지금은 나와의 대화 빈 공간 여백에
그대여! 바람처럼 오시게나!

하늘가득 만다라 축복을 드리우네!
어여 심성 어두운 이
맑은 경계 드러나길 비와 함께 기도하네!

천산 주인은 시절을 논하는데

허공 가득 은빛으루
밤을 지새운 너는
서녘을 향해 길을 재촉하련만
슬프지두 않은가 보다.
아리따운 여인의 미소처럼
너는 모난 데가 없구나.

밤이면 달빛 바래기 하구
별이 뜨면 별들과
무언으루 함께한 세월이
고즈녁한 천지의 도량에 가득한데
어디에두 객은 보이지 않네.

청산은 이미 산내를 감추우구 오는 이마져
길을 잃어버린 지 오래인데.
아무리 소리쳐도 천지에
소용돌이치는 저 바람은
메아리마저 들리지 않는구나!

아!
천산의 주인은 시절을 논하는데
바람 소리만 동에서 서로
요동치는 슬픈 곡절이네!
나무 불, 나무 법, 나무 승.

해동의 낮달이 선승의 마음에 걸렸네

달은 서녘에서 가던 길을
멈추고 빛을 잃었네.
새벽 여명이 생명을 일깨우고
조용한 산사에
새벽부터 처지로 울어오는
매미 소리는 시절을 알리는데
오늘은 얼마나 더울는지.

서풍은 비를 부르련만
동쪽으로 부는 바람은
무엇을 전해오려는고
해동의 낮달이
선승의 마음에 걸렸네
오늘은 산허리에서
님을 보는구나.

관음의 현신은
법계에 가득 하구
천지는 모든 가르침의 스승이니
해동의 선자여!
약산에 그대 이름을 드리우리
동방의 푸른
약사 유리광 여래불

나는 천지의 소리로 들었구나

물과 바람같이
생사윤회를 뛰어넘어
무정 유정의 벗들과 대화 나누며
가슴속 허기를 채웠네.
감로의 법두 지혜의 가르침두
나는 천지의 소리로 들었구나.
세상은 온통 빛으루 가득한데
느끼구 헤아릴 수 있는 마음은 어디에 있누?

물색이 다른 이여!
내 안의 자성을 바로 본다면
붓다의 팔만 사천 법문이
그대의 심장 속에 살아 숨쉬려니.
어디에서 무엇을 찾을거나!
만법은 내 안의 모든 근기루 나툼하는데.
깨닫구 느끼지 못함은
오직 불성을 알고 알지 못함이라.

헌 세상의 옷 걸쳐 입구

오늘은 논에 모내기 준비를 해야 하는갑다.

아직 밑거름두 못쳤지만, 온통 할 일이 태산 같네.

해 지구 해 뜨는 일이

내겐 무섭기만 하구나

법의 자리는 언제 펴려는가?

내 안의 존자시여!

이제 주장자 들어 천지의 법 설하소서.

그대 그리워 남몰래 연정을 품어 보네

그대가 그리워서
남몰래 연정을 품어보네
잘 있느냐구?

쪽빛 하늘이 청산 넘어루 드리울 때
솔숲은 수줍은 처녀를 잉태하지.

보랏빛 연정은 청순함으루
내게 다가오구
큐피트 화살처럼 절규한다.

아!
내가 동경하던 그대는 꿈속에 나빌런가.
저 청순함을
어디에서 찾을거나
그대가 님이요 사랑인 것을.

꽃 위에 앉은 나비가 부럽구나.
천지를 사랑한 바보가
먹물 옷 속에 사랑을 감추려네.

천지의 수 없는 벗들이여

해지고 난 밤하늘 한참은
엷은 저녁놀
서쪽 하늘에 수를 놓고
어둠은 어슴푸레 산허리를 휘감는다.
부귀도 명예도 이젠 소용없으련만
삶은 늘 황량하기만 하구나.

천지의 수 없는 벗들이여.
오늘 내겐
들녘에 익어가는 벼 이삭처럼
순수한 삶을 나눔인데.
보이는 것은 무엇이구
보이지 않는 것은 무엇일런가?
깊이 사유할 일이로다
해는 이미 돌아오지 아니 하구
동녘으로 깊은 밤 반쪽의 달빛만 걸리겠지.

오늘 한 일을 돌아보니
때 끼고 먼지 털어낸 일이 전부인데.
모진 광풍은
아직도 나를 시험하려 하네.
밤은 깊어 산신님 전 결과부좌 하고
오구가는 경계에 마주하니
어느덧 신선인 듯하구나!

아히야, 우리 청산 가자

아히야! 청산 가자
햇살 가득 골짜기 비춰우면
더는 세상사 알려하지 말구
헌 누더기 걸치구서 우리 그리 살자!

돌 틈새 가재가
숨바꼭질 해 대는 그곳에서
아무두 돌아보지 말구
우리 그리 살자!

유정 무정의 벗들과 깊은 대화 나누며
해 저물면 작은 등불 아래
찻잔을 마주 하구
친구처럼 애인처럼 우리 그리 살자!

부귀두 영화두
산문밖에 걸어 두구
아프면 약차 다려 올려
머릿 맡에 놓아 둘게.

아히야!
우리 청산 가자.

무엇이 고뇌인가!

우중에 찾아온 이 누굴런가?
빗소리 쉼 없이 정적을 깨우고
나그네와 산승의 또 다른 삶의 대화들.
시간은 무디어만 간다.

무엇이 고뇌인가!
눈에 보이는 형형색색의
삶의 희노애락 저 밑바닥에 드리워진
그대의 고통은 무엇이려누!
비가 눈물 되어 흐르네.

남산은 운무로 가려지구
무수히 울어오던 산새두 어디론가 떠났는가.
그냥 먹먹한 마음만 천지로 가득하네.
이 마음 누구에게 전할거나!

천지의 벗이여!
사람과 천지가 병이 들어
조석으로 변덕이 심하구나
어제의 그대는 누구고
오늘의 그대는 누굴런가!
나는 오늘 님의 소리를 들으려네.

해상 용왕 기도 중에서2

붉은 곤룡포 두른 님이시어!
거북 동자 앞을 서구
묘법으로 내게 오네.
지혜의 깊이 시공을 넘어
이치에 능통하니
두루 묘한 법 이르지 않는 곳이 없구나.
달빛은 머리 위에 멈춰지구
홀로 명상 속에서 임과 마주했네.

깊은 바다 용왕이시어!
임과의 교감으로
이미 감로의 법 내게 오니
주장자 높이 들어 중생을 제도하리라.
허공을 꾀뚫는 광음은 밤새 이어지구
실상은 무상이며
마음과 마음으로 전해온 법은
터럭 끝까지 발광하네.

일찍이 무상 밖에서 얻어진 법
법당 안과 밖이 무에 그리 중요하리.
요동치는 마음은 환희심으로 물들구
오직 성스러움만 가득하네!
아무도 가지 않는 이 길을
홀로 진여의 가르침을 좇아
여기까지 왔구나.

무명

무명의 이름으로 태어나
청산을 벗을 삼고
임 맞이한 세월 얼마던가!
해는 서산으로 향하는데
몰구 온 소는 어디로 숨었는가!
서녘은 붉게 물 들구 노을은 깊다.

지혜의 끈 놓칠세라
운무 아래 돌아보지 않았거늘
이젠 돌아갈 길 보이지 아니하네!
청산은 고요를 깨고
선객의 주장자 산천을 뒤흔드네!
누가 와서 보겠는가!
침묵 속에 이 소리를.

혜자여!
내 말 들리는가?
상고의 법 처처로 향하지만
눈 멀구 귀 어둡다면
허상은 천지를 돌아보지 아니하네
백의 관음은 말이 없구
남순 동자 또한 들은 게 없네!

part

3

❧ ─◈─ ❧

풍경소리 바람 소리

새벽 일기

쏟아지는 빗소리에 잠이 깬다.
시간은 2시를 넘기구 세시가 되어가는데.
어두운 시야 밖으루 소란스런 빗소리가
심장을 파구 든다.
왜일까?

아무두 깨어있지 않으련만.
너는 나의 친구 되어
이 밤에 찾아와 주었구나.
비에 젖어 입술이 파래지구 싶다.
어린 시절 그리움에
몸살을 앓을 때처럼!

가을이 오기 전부터
가슴앓이하던 용왕 당 가에 느릅나무 잎새
이번 비에 주검을 맞겠구나!
시원한 그늘루 여름을 지켜주던 너의 넉넉함을
이젠 볼 수 없겠지!

그리 화려하지두 곱지두 않은 그대가
오늘 아침엔 물가에 내려앉아
하나둘씩 떠나가겠지.
이것이 무상이라 해야 할지 모르겠구나
아히야, 청산 가자!

깨우침의 자리에

고요하지만은 않네!
깨우친 그 자리 가섭존자 지나온 길
나 또한 지났건만.

요동치는 마음은
사바세계의
가지가지 현상계를 구석구석 비추는구나.

몸은 보리요 지혜의 방편인데
어디에서 도를 구할거나.
선자여, 선자여, 선자여.

이 육신은 터럭 끝까지
가르침을 전하 것만.
우둔한 자여 무엇을 밖에서 구하고자 하는가!

하나 안에 모두가 있구
모두 가운데 하나가 있네.
내 안에 천지 만물이 숨을 쉬구
천지 만물 속에 내가 있으리.

진여의 자리에서

비춰진 시야에 드러난 상은
저리두 고귀한데.
천지 만물에 드리운
님의 물상은 억억 천천으루 변해만 가는구나!
어느 자리에 머물러야 고요할꼬?

서녘에서 불어온 바람
동녘을 뒤흔드니
풀 잎새 하나에두 불성이 깨어나네!
그대의 가슴에 잠든 불성은
어느 시절을 만나야 깨우려는가?
나 또한 바람일 뿐.

누가 동녘의 주인공 되리.
이름 없는 존자여! 고기를 낚는 어부처럼
법의 근기 따라 그댈 기다리네.
나를 뒤흔들던 바람은
아직두 여래의 심지를 어지럽히기만 하구나!
진여야! 진여야!

꿈속에선 내가 자유로울 수 있구나

꿈속에선
내가 자유로울 수 있구나!

꽃과 나비 어우러져 사랑가를 부르는데.
룸비니 동산에선 무애가를 부르구나.

연화장세계를 경험하구
선계를 넘나드는 나는 누구일꼬?
희유한 일이로다.

꿈은 이리두 자유로운데
이 육신은 아직도 걸림이 많구나.

깊은 잠에서 깨구 보니
머리에는 흰서리 내리구
생로병사의 끝자락을 가고 있네.

애석타, 꿈이나 깨지 말 것을
꿈속에 내가 그립구나!

물빛 청아한 그대는
이 산천의 누굴런가

물빛 청아한 그대는
이 산천의 누굴런가!
깊은 향내음 가득하구
바람은 가지산 자락 뒤 흔드는데.
깨임과 어리석음
한마음에 머물고 있구나!

죽비소리 요란한
천년의 옛터엔
알고 알지 못하는 경계만
시공을 떠나 자리하네!
어리석은 시자 앞세워 길을 가니
행색 초라한 버러지 같구나.

이 산천 어디에 물음표를 던지리.
아!
바람은 휘둘러 벚나무를
흔들구 지나가는데
어지러이 뜨락엔 벚찌만 가득하구나!

이것이 도의 가르침 아닐런가

그대여!
무리한 지혜로 욕심내지 마라
피안에 이르지 못하노니
한 물건도 인연이 없다면
내 것이 아닌 것을

부처님의 명호를 수천 번 부른다 해도
일신의 노고가 헛수고가 되리니.
명예를 쫓는 그 자리에
이미 근심은 나래를 펴구
마구니 되어 그대의 이름을 부르리라!

천지 만물이 서로 상응하면
처처에 연화 개 일지언정
두루 하지 못한 심사로 무엇을 이룰거나?

팔부 대중의 스승이 되고자 한다면
부귀와 명예가 아닌
천상과 천하에 명경같은
도의 흐름을 꾀어야 하리니.

유유자적 해라.
천지가 나와 하나이구
온 우주가 그대의 중심에서
터럭 끝까지 발광할 것이니라.
초가삼간에 머문다 해두
부귀와 명예에 탐착하지 않는 이유이니
이것이 도의 가르침 아닐런가.

청산은 그새 몇 번이나 변해 갔누

하늘 높이 청학 한 마리
여유롭게 날고
지는 석양에
저녁노을 곱게 물드네!
이 고요한 평화로움
언제 또다시 시절이 바뀔런지.

소를 모는 목동에 피리 소리
이미 세상사 깊이를 헤아리니
남루한 차림새 부귀를 잊었어라!
청산은 그새 몇 번이나 변해 갔누.

영산에서 내린 법은
만공에 두루한데.
얻구 얻지 못함은 무엇인지.
세상사 얽매임에
앞뒤가 흐려지니
언제 목동에 피리 소리
마음 자락에 피어나누.

삿갓은 헤진 지 오래이구

풍경소리 길게
여운을 남기고
대웅전 처마 끝에 눈바람을 일으킨다.
햇살은 잔솔가지 새로 비춰 오구
추위에 떨고 있는 한 마리 이름 모를 새
갈길 몰라 하는구나.

눈 위로 스쳐 지나간 발자국
누구의 발자취 일런지.
가슴 시리던 옛일이 허공에서 맴 돈다.
내 나이 몇일런가.
아직두 그리워하는 마음 여전한데.
긴 시간 많이두 방황했네.

삿갓은 헤진지 오래이구
마음은 깊은 골이 패었것만.
가슴에 따스했던 기억은
빗장을 잠궈 둬 뼛속까지 파구 드네.
누구의 업장일런가!
허공에다 그 이름 새겨본다.

빛바랜 가슴엔 무늬만 희다

빛바랜 가슴엔
무늬만 희다!

요동치던 절규두
구름 위로 올라서니
허허롭기 그지없네!

아!
삼십 년 성상이여.
무엇을 바랄 거나.

눈비 오구 바람불던 내력을
어이다 말로 하리.

영산에 불던 바람
내 이미 받았으나
알고 알지 못하는 경계에
빠지진 않을런지.

하늘에 귀를 열구
말 없는 소리를 들으려네!
누가 있어 또다시 전하구 받을 거나.

아히야! 청산 가자!

아, 무상아

밤새가 운다
초저녁 어스름이
산신각 뒤편 나무 밑까지 스며 들구
고요가 찾아오면
법당엔 희마한 촛불이
바람두 없으련만 촛불 춤을 추네!

무엇이 저리
촛불춤을 추게 할꼬.
생사윤회를 뛰어넘는 고행을 할지라두
너마저 없었다면
어이 긴 세월 견뎠으리.
아! 무상아!

깊은 내면의 움직임을
너는 무심히 보아 넘긴 줄 알았는데.
도인의 옆에서
환희심을 보여 오는구나.
맑은 물소리
어디선가 청아하게 들려오구
깊은 밤 노루는 저리두
짝을 찾아 울어오는데.

나는 어디서 무애가를 부를거나!
별들은 이미 머리 위에 드리우구
달빛마저 남산 마루
소나무 위에 머물구나!
이제 꿈길을 쫓아 님을 만나려 하네
서녘의 님이시여!

물처럼 바람처럼 천지에
걸림 없이 사련마는

문 앞에 달빛 드리우면 혹여
당신이 찾을까 봐

긴 밤을 얼마나 새운건지.
누구에게 들킬세라
가슴 조이던 그리움들을.

나는 빼곡히 적어 본다.
나의 연서가 하늘에 닿기를
두 손 모으며

가식의 둘레가 너무 깊어 장삼 속에
거짓을 감춘다면.
누가 나를 스승이라 부르리
모두가 큰 스승인데
입은 왜 그리두 거치누.

물처럼 바람처럼
천지에 걸림 없이 사련마는.

아!
나는 무엇을 위해
밤 깊은 신음 소리를 내려는가.

바람은 녹색 물결 위루

바람은 녹색 물결 위루
파도를 일으키구
청산에 메마름두 자취를 감춘 지 오래이네.
느티나무 가지 아래에선
연등이 춤을 추구
천지암 뜨락두 환희심으루
님 오시신 날 마중하는데.
범부와 종사가 하나 되어
무애 평등을 부를거나.

아!
천년을 담아온 그대의 숨결
또다시 성사의 오구감을 알리련만.
뉘라서 알아보리.
내 안에 나투신 부처는
그대의 내면에 울림을 주구
피안의 가르침을 전하려 하네.
천하 만물은 교류하는데
걸림이 없구
허공 가득 도 아닌 것이 없구나.

그대여!
이 사구계는 과거 이래루 전해온 법문이니
이 안에서 전 하구 받음이네.

약인 욕요지
삼세 일체불
응관 법계성
일체 유심조

존귀하신 이여!

어느 세월이었으리.
낡은 호롱불은 남루하게 걸려 있구
돌벽에 세월의 흔적만이 시절을 말해 주네.

백의 관음은 어느결에
도량의 주인이 되었구나.
석간수 흐르는 물 많지두 적지두 않으련만.
찾는 이 적어 넘쳐 흐르네.

결재와 해재가 따로 이 없으니
수행의 근본이 어디에 있으려누!
안고 눕고 서는 것에
경계를 두는구나.

이 천지에 가득한 기운은
어느 시절에 주인공을 만나려누.
오늘 이 자리에 오신
존귀하신 이여!

무지개 별 하나 따구 싶다

무지개 별 하나 따구 싶다
너를 내 안에 품구
가장 아름다운 동굴에서
소소한 삶을 살고 싶습니다.

온갖 새들이 지저귀구
이름 모를 꽃들이 피어나는 그곳에서
나 그리 살구 싶습니다.

어차피 알아주지 못할 세상이라면
만 가지 풍상 다 버리구
중두, 속두 아닌 채루.

찾아오는 고라니와 법담 나누구
이름 모를 꽃들과 무정의 대화 나누며.
나 그리 살구 싶습니다.

근원의 중심 이해하구 깨달아 마음길 속에서
만난 벗들과 그리 살렵니다.

어느 날 내게
스승의 길에 들어서서
반야의 지혜를 논하라 한다면
터럭 끝까지 나툼이 일 것입니다.

이것이 운무 밖 소식이네

문 앞에 펼쳐진 산천은
여름을 재촉하구
매미 소리 어제는 늦게까지 들려오네!
귀 기울이면 모두가 대답하고
마음을 열면
산천의 온갖 조화 지혜로와 닿네.

주인공은 나와 산천이
다르지 아니한데
무엇을 찾아 헤매 일꼬!
바람은 어제도 이 산천을 맴 돌구
매미 소리 정적을 깨트리면
그대여! 무엇으로 대답하려는가!

안개 걷힌 청산이
이제 눈 앞에 펼쳐지니
천지가 확연하게 드러나네!
세상사 얽히고 흐트러짐

그대여!
바로 알고자 하는가?
이것이 운무 밖 소식이라네!

part
4

능소화 피는 계절에

그대는 나를 아시려는가

추녀 끝 풍경이 소리를 낸다.
매어 달린 고기가
바람따라 물살을 가르듯 요란을 떨구
유월의 정원에
장미의 꽃비가 내리려네.

아! 이 천지의 뜨락에
알알이 물든 앵두는 님의 입술이련만
아무두 알아주지를 않는구나.

그대는 나를 아시려는가?
물같이 바람같이 살아가는 수행자의 삶을.
요지부동의 세월을 농부 되어 숨 쉬구
깨어있는 의식은 한 순간두
법의 자리를 벗어난 적이 없었네
빛나는 선지는 허공을 향해 메아리를 남기것만.
처처에 사람이 없구나.

법당 밖 소나무 나와 함께한 세월이
스무 살이 되어 가는데!
너는 말 없이 곁에 서서
내 얘기를 들어 주었으련만
천지의 어디에 그대와 같은 이 있으려는가.
바람은 또다시 천지의 뜨락을
뒤 흔들구 가지만
유월의 장미는 요염하기만 하네
벗이 그립구나!

어디에 계시나요, 당신!

자귀 꽃 칠월이면
어김없이 피어나고
시절은 풍상을 안고 도네!
무지개빛 자귀 꽃 님 부르는데!
고운빛 내 님 무얼 하시는지.
산허리에 요염히두 피었건만 그리움만 맴도네!

저기 문 앞에 금방이라도
환한 웃음 한가득 머금고 오련만.
어디에 계시나요? 당신!
꿈두 깨구 나면 허망하기 그지 없구
먼 하늘 흰 구름은 그리움 몰구 오네.

님은 침묵 속에 머물고
수줍게 피어난 무지개빛 사랑
오늘두 님을 기다리네!
아픔을 청산에 묻기엔 너무 가여워
산천의 허리를 휘감아
수줍게 피어나네!

칠월의 향기

칠월의 풋 호박
애인 같은 느낌이네.
비 오는 날 우산을 쓰고
호박밭을 휘젓는다.

어찌 저리두 이쁠런지.
윤기 흐르는 너의 모습
머 언 지난날 첫사랑 같구나!

세월의 흔적에
백발만 성성한데.
그래두 옛님이 그리워라.
아! 칠월의 향기처럼.

오늘 오시는 벗님과
호박전 마주 하구
차 한잔 기울이리니.
그대여 속히 오시게.

능소화 필 때

어느 여인네의 한일런가!
저리두 아름답게 피우련만.

너는 못내 그리움 토해 내구!
비는 소화의 슬픔을 함께하듯
가녀린 여인네의
어깨를 뒤흔드는데.

님은 아실런지!

소화의 뜨락엔
오늘두 진한 커피 향 가득하구
아리따운 정인의
향기로 꽃 피우는구나!

옛일엔 풍류를 찾으련만
시절은 물색을 달리하구
연인의 속 모를 이야기만
서리서리 맺히는데!

오늘 오는 저 장맛비에
소화는 소리 없는 눈물이
비가 되어 흐느끼네.

칠석의 의미를 생각하며

얼마나 애절한 만남인지.
하늘두 소리 내어 운다.
까막까치 오작교 다리 놓구
남과 북에서 견우직녀 만나는 날이라네!
상제님 노여움에 천지가 울어 와두
그리움은 하늘가득 드리우구!

이제 그간의 해후는 하였는가!
얼마나 그리던 만남이랴.
오작교 위에서 이루는 사랑
그대! 아는가?
만남의 인연이 내게 오기까지는
하늘과 바다가 몇 번이나
다 하였는지.

숙생의 인연이 얼마나
거치는가를.
견우와 직녀의 만남이 그러하듯
천지의 길함과 흉함이
조화를 이루니

그대! 사랑 하였거든 오작교 사랑처럼
간절한 마음으로
이루시길 기도하네!

선자여! 무엇을 얻었는가!

적막감 깊은 산사의 법당엔
목탁소리 낭낭히 들려오고
희미한 등불 밤깊도록
하늘거리네!
산승의 염불 소리
이미 무아에 들었는가!

밤새도 이 밤엔 울어오지 아니하네!
선자여!
무엇을 얻었는가?
별들두 구름에 잠기우고
밤은 이미 삼경이라
명상에 드는 그대는 아시는가?
법의 성품을.

본래 무일물인데.
무엇을 논하리요!
가고 오는 인연마저도
마음 밖 현상 아닐련가?

오늘 내가 취하고
버릴 것이 무어겠누!
동녘으로 비친 별빛
지혜를 머금으리.

성냄과 어리석음 찰나에 일어나니

성냄과 어리석음 찰나에 일어나니
묘용이 무슨 소용이리.
내가 만든 울타리
지옥과두 같았어라!
계행이 반듯한가?
울을 짓구 나오지 못한 세월
그 안에 갇혔었네.

억지로 무엇을 하리!
스스로 얽메임 떨치구
바라보기까지 사계는 얼마나 흘렀는고.
돌아본 세월 고요하지만 않구나!
내 이제 울을 벗어 그대와 벗하리니.

계를 논하려거든 울타리
튼튼한가 살피시구
행이 반듯한가 묻거든 삶이 여여 하다구.
소식을 바람결에 보내리니
그대여!
연전에 이미 오구간 법
처처로 회향하리!

자연은 이리두 가르침이 여여한데

산신각 처마 밑으루
땡비가 집을 지었는데
어찌나 소란스러운지
좌선에 들 수가 없구나.
물어 뜯는 소리, 웅웅 거리는 소리.

오늘 아침엔 이놈부터 제거를 해야지.
하필이면 산신님 전 천정이누.
부득불 살생유택이라.
구레 장에 청매 선사
시끌벅적한 자리에서두
정진에 흔들림이 없었건만.

나는 이 요란한 경계에두
수행하기가 힘들구나.
삼매는 달아나구 어찌하면 이놈
혼을 내킬 일만 생각하네.

귀가 송신하고
터럭 끝가지 신경이 날이 서는데.
세상사 어찌 평범 할수 있누!

어느 한 날 편안하랴.
자연은 이리두 가르침이 여여한데.
중생의 어리석음
언제 깨이려누!

빛바랜 가사 장삼

빛바랜 가사 장삼
세월의 무게는 저리두 실렸건만.
허물어 저가는 법신은
저녁노을 가득한 서녘을 바라보네!

노호의 울음 소리두
이제는 들려오지 아니하구
지축을 흔들던 위용두 이젠 간 곳이 없구나.
어이 할 거나 빈 수레만이
무상을 말해주네!

몇 권의 글을 남긴다 해두
어찌 마음속 보물을 담을 수 있으려누!
천리루 요동치던 가르침은
허공에 메아리만 남기려 하는구나.

문밖의 세상은
가마솥 뜨거운 물처럼
아우성인데
채찍은 이미 녹 쓸어 어디에두
걸림만 되려하네!
내 안에 주인이여.

이 천지에 가득한 나의 스승이여!
천지에 바람 소리만 가득히
메아리쳐 오는구나.
뉘라서 이 경계에 드려는가!

부질없는 세상사여

구름과 운무가 춤을 추니
세상이 눈 아래 있네!
헤진옷 걸쳐 입구 보릿대 모자 눌러쓰니
무엇을 한들 누가 흉을 보리!
바람은 구름을 몰구
청산을 가고 오구.
해 뜨구 해지기를 몇 번이나 하였는가!

만공 중에 달빛 드리우고
기울이는 찻잔은 생각마저 잊었어라!
손객은 이미 끈긴지
아득하구 과거의 벗님네 자리를 떴네!
부질없는 세상사여!
내게 무엇을 말해 주려는가!
지난 일 돌아보니
문밖이 사계구나!

나무 위에 졸구 있는 선객이여!
세상은 명리와 엇갈리구.
백락천의 문답은
무엇을 말하는지!
세 살 난 어린애두 아는 일을
팔십이 되어가두 지키긴 어렵다네!
가르침이란 어려운 일 아닐 진데
행함이 가르침에 진수라네!

무엇으루 진여를 논할 것인가

부처님 머리 위루 노련한 사냥꾼인
사마귀 한 마리가 예민하게 무언가를 노리구 있네.
아주 먼 과거 속에서 부터
지금까지 넌 살생의 본능을 타구 살아오지만
아무런 거리낌이 없구나!
왜일까?

불살생의 머리 위에서두 너는 당당할 수 있으니.
내가 눈으루 본 것은 무엇이려누!
내가 본 것은 이러한데
무엇으로 진여를 논할 것인가!

어느 한 날 나는
아주 신묘한 현상을 보았는데
지금두 온몸에 그 일 생각하면 전율이 인다.
사마귀 한 쌍이
사랑하는 장면을 보다가
소스라치게 놀란 적 있다.

사랑을 마친 암사마귀가
몸을 뒤틀어 함께 사랑 나눈 숫놈을
잡아먹는 희귀한 장면을 보고는 경악을 하게 되었네.

물질의 세계와 영적인 세계를
넘나들며 사유와 견처의 공부를 보이고자 한다.

알고 나면 세상 이치를 확연히 깨치구
노자와 함께하니 그 자리는 무릉도원이요.
모르면 지옥고를 면하기 어려우리!

청산은 그새 몇 번이나 변해 갔누

하늘 높이 청학 한 마리
여유롭게 날고
지는 석양에 저녁노을 곱게 물드네!
이 고요한 평화로움
언제 또다시 시절이 바뀔런지.

소를 모는 목동에
피리 소리 이미 세상사
깊이를 헤아리니
남루한 차림새 부귀를 잊었어라!
청산은 그새 몇 번이나
변해 갔누.

영산에서 내린 법은
만공에 두루한데.
얻구 얻지 못함은 무엇인지.
세상사 얽매임에 앞뒤가 흐려지니
언제 목동에 피리 소리
마음 자락에 피어나누!

내 살아온 길 이미 구름에 가렸어라

청산은 오고 감을 몰라 하고.
나그네 또한 묻지를 아니하네!
바람은 세월의 향기 묻어오고.
임 또한 색이 바랬어라.

갓끈은 이제
어제의 일은 잊은 지 오래이구.
흰 구름 또한 초막을 가렸어라!
산과 구름 구별하기 어려우니
내 살아온 길
이미 구름에 가렸어라.

언제 세월은 산 아래 임 소식
청산에 알리려나.
눈과 바람
이미 세월이 처량하네!

달빛은 시리도록 차가운데

달빛은 시리도록 차가운데
처연한 고요가
또다시 침묵의 형벌로 다가온다.
대웅전 처마 밑으루 매어 달린
풍경은 오늘밤엔 소리도 없네!

낮이면 농부 되어 들일 하구
새벽 밤 인시에 일어나서 부처님 전 향 사른다.
초저녁 잠이 많아
아홉시 전 죽부인 끌어안고
잠을 청하는데
그대는 어느결에 만날거나!

청학 같은 삶을 꿈꾸련만.
몸은 고단하여
잡몽 같은 꿈만 들어오네.
실상은 무엇이며
묘법은 무엇으로 보이려누.
성자여! 어디에 머물거나.

달빛은 서녘으로 향하구
지붕 위에 내린 흰서리는
추위를 이기지 못해 하얗게 성기었네.
오늘은 서녘에서 누가 오시려누?
흰옷 입은 성자여.

명경 속에서 티끌을 보려 하네

주검 같은 깊은 잠을 잤네
달두 별두 찾아오지 않는 곳에서
내 마음 가득한 것은 무엇인가!
지혜를 얻은 존자여!
새벽 별 명멸하는 자리에
님의 가르침 내게 열려 오구
또다시 환희심 가득한 마음은
명경 속에서 티끌을 보려 하네.

도량은 법의 기운 충만하구
미소짓는 님의 염화는
물 외에 초연하구나!
외마디 법거량을 나눌이 없어
선승의 경계에만 오구가네!
연꽃 피는 계절에
임은 학승의 심지를 얼마나 울렸는고!

법당 앞에 흐르는 도랑물에는
가재가 돌 틈새에 모래집을 짓네!
이 또한 연화의 가르침 아닐런가.
이 천지에 가득한 법의 나툼이
이리두 무상한데 알구 알지 못하는 마음
그대의 심지를 흐리구나!
선자여,
선자여, 선자여!

part
5

무문관의 목탁 소리

저 청산에 이름 없는 넋이여

티끌 같은 존재 일지라도
비춰지는 방향에 따라 명암이 달라지듯
삼라만상에 존귀하지
않은 것이 어디 있으리.

그대의 현주소는 어디에 있는가?
귀하고 천한 것이 본래 무일물 인데.
인연으로 왔다가 인연이 다하면
한줄기 연기되어
무상으로 돌아가네!

푸른 솔 낙엽 되어 흩어질 제
나무 밑 그늘에 흔적만 남기구나.
솔바람 부는 날에
저 청산에 이름 없는 넋이여!

만산은 붉게 물들구
고운 향기 가득한 시절에
청산은 그대를 품으리.

꿋꿋한 너의 심장처럼

길가에 핀 쑥부쟁이 꽃
봄에서 가을까지
모진 시절을 감래 하고서야
이제야 한갓지게 꽃을 피웠구나!

얼마나 모진 바람 지나 갔누.
억수 같은 소나기에두
멧 뿌리에 터를 잡구
꿋꿋하게 견뎌낸
너의 모습에 경의를 올린다.

시절이 무엇이며
삿된 무리들의 비난과 질타는 무엇인가!
오직 심지에 가르침만을
생각하며 길을 가네.

비를 온몸으로 맞구 서 있는
쑥부쟁이 꽃처럼.
만 가을에 누군가에게
축복을 선물하고 싶다.
이 만 가을에.

용사의 칼날보다
매서운 서릿발 내린다 해두
너는 아름다움을 피워내는구나!
꿋꿋한 너의 심장처럼

아랫녘 시비두 운무에 잠겼어라

잔대꽃 피는 계절에
산은 이미 가을을 품는구나.

용왕당 앞 낙엽들 시절을 알리는데.
저 청산의 주인은 나몰라라 하네.
흰 물안개 골짜기를
가득 메우고
아랫녘 시비두 운무 아래 잠겼어라.

청산에 들어와 밭 갈고
쟁기 메운 지 얼마만큼 흘렀는가!
무명옷 땀에 절어
승(僧)인지 속인지 알 수조차 없구나.

메아리 어느 하늘 아래 남길꼬.
누가 알고 답하려누!
흰 소만 얼러 길을 재촉하니
얻고 얻지 못함을 탓하지 않으려네.

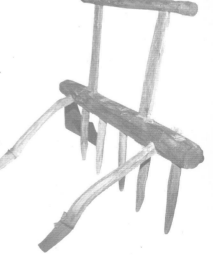

가을이 깊어만 가는구나!

긴소매 옷을 꺼내서 입고
부처님 전 촛불을 켠다.
잠시 잠깐인 듯 하나
얼마나 몸서리 칠듯 더운 여름이었든가.

지나고 보니 잠시 스쳐 간 바람이었네.
누가 시절을 논 하려누?
흰 이슬 풀잎마다 영롱하게두 맺히구

뜰앞에 천지는
가을이 깊어만 가는구나!
오늘 새벽 예불은 삼태성 별 드러나고
새벽 별 함께 자리했네.

저 아래 깊이 잠이든 그대는
오늘두 나를 원망하려는가!
현생에서 만든
이 허깨비 같은 삶을 눈물로 참회하리.

가슴속 명월은
스스로 명경같이 비추이리

수행자의 가슴에
품은 달빛은 만월 이것만
구름이 마구니 되어
그대의 용안을 볼 수가 없구나.
어찌 명경같은 날만 기대하려는가!

오늘의 흐림이
내일의 명월을 더욱 빛나게 하지는 않을 런지.
묵언 수행하는 이여!
가슴속 명월은 언제나 발광하려 하누.

날은 이미 어두워 적멸로 향하는데
어느결에 님을 맞을 거나.
비바람 세찬 어느 날에
천지의 바람은 무엇을 꿈꾸려는지?

오직 무념 속에서
해 저문 서녘만 바라보네.
청명한 시절 돌아오면
가슴속 명월은
스스로 명경같이 비추이리.
내 안에 감춰진 존자여!

무엇을 가지구
마음의 깊이를 헤아리누

진여!
무엇을 가지구 마음의
깊이를 헤아리누!
특별한 잦대 내겐 없다네!
그저 마음이 오구갈뿐.
먼 과거의 업력이 오구 가구
현재의 마음이 전해올 뿐이라네
미래의 지혜 또한
그대의 마음 상이 내게 주는 메시지 아닐런지.

누가?
미래의 삶을 논 할 수 있겠는가!
다만 마음을 쫓아 지혜를 연다면
운무 걷힌 산하를 바로 볼 수 있지 않겠는가!
어찌하누 그대여!
내겐 빛바랜 세월의
무게만이 춤을 추니.
누가 나와 함께 하겠는가!

조사의 성품이 이러 하거늘.
공허한 빈자리 무엇으로 헤아리누!
낡은 갓끈은 세월을 드리우고 청산에 구름이
몇 번이나 흘렀는지.
나그네 또한 묻고 져 아니 하네.

돌아보니 모든 게 허물 뿐이구나

뒤돌아보니 모든 게 허물뿐이구나!
내 살아온 길
부처의 길만은 아니었네.
시절에 소임을 다 했을 뿐.
그저 사는 게 한 마리 길들여 지지 않은
야생의 삶을 살았구나.
그곳엔 중생두 부처두 없었네.

목마른 구도자의 길 속엔 천만 가지 사유와
긴 방황의 아픔만이 존재할 뿐이었구나.
정제되지 않은 초자연적인
가르침을 향해
새벽 별 명멸하는 자리까지 힘겨운 씨름을 했네!
어디까지 달려 왔누, 나의 존자시여!

서녁으루 이미 달그림자 기울구 어깨 위로 세월의
무게가 천만 근 실렸는데!
해는 서산으루 저물구
또다시 동녁으루 달빛 머금구나.

약산에 머문 존자시여!

석승의 주장자 어느 염처로 향하리까?

법계는 온통 염화뿐이구나.

내가 남긴 인연의 자취 무명의 한 자락

내가 남긴 인연의 자취
무명의 한 자락
그대는 나를 알라는가?
산천에 대고 소리쳐도
메아리마저 들리지 않는구나.

어디에 운무 걷힌 청정광명 비춰려나
소식을 전하는 이두
들어주는 이두 없는 메마른 청산에서
석승에 주장자는.

남산을 향해 법을 전하는데 오는 이두
듣는 이두 감감하네.
썩은 과거의 틀 지혜의 나툼에 걸림이 되구
남루한 몰골이 의식마저 흐리구나!

여기 인연 있는 그대는 누구인가?
문을 열고 손객을
청하 것만 빈 메아리만 허공 가득 맴을 도네!
언제 오시려는가?

티 없이 맑은 명경같은
법신의 자리에

티 없이 맑은
명경같은 법신의 자리에
들구 나는 저 귀신의 모양새는
업력의 굴레를 안구 모여드는데.

어떤 법문으루 그대가
해탈 할 것인가?

내 안에 들어와 법신과 하나 되어
소소 영영한 법의 전함을 들으리니!

귀신이 코앞에 다가와두
철벽산 가로막아 내가 전하는 메세지
심지에 전해 받지 못하고
또다시 무간지옥의 고통 속을 헤메구나.

도인의 몸을 통해 울림을 얻으리니!
저 저자거리에 방울을 든
무녀두 이 도리를 아련 마는.
그대는 무엇을 도라 이르는가!

입이 선사요
모양새가 스승이라.
일럿거라. 대중이여.!

명경같은 자리에
흰 소의 울음소리를.

오직 여여로움으로

오직 여여로움으루 위안을 삼구
석양의 지는 해를 맞으리.

귀에 들려오는 풀벌레 소리는
무아의 경지에서두 들리는 듯 하다.

이 깊은 동지의 정점에서두
요란하게 울어오는 너는
내 안에 있는가 보구나.

언제부터 너는
내 안에서 자라구 있었니?
귀뚜라미 소리
명상속에두 찾아와
봄 여름 가을 겨울을 함께 하네.

너는 누구길래?
내가 요란하면 숨구
고요하면 또렷하게 들리는구나!

몸둥이는 법을 담는 용기일 뿐
그 안에 억억 천천이 숨을 쉬네!
오늘 들리는 저 소리는
화두처럼 깊은 밤 잠못 들게 하는구나.

내 그릇 가득 차서 넘쳐나두
또다시 빈 그릇 채울 이가 없는데
이 일을 어이할꼬.

오직 여여로움으루
위안을 삼구
석양의 지는 해를 맞으리.

수행자 마음에 정수 무엇으루 채우나

찬 이슬 추녀 끝으로 미끄러지구
들녘의 황금 물결은 파도를 친다.
들깨밭 가을걷이
울력으로 마무리하니
들깨가 두 가마니는 되네.
봄내 태양 빛에 몸서리치며 한 여름 지나
모진 비바람두 견디어내구!

이제 낱알로써 제 할 일 마치고
천 개의 씨앗을 남기는데.
가지가지 마음을 품어
정수를 얻었것만.
수행자 마음에 정수는 무엇으로 채우리.
처처로 통하는 문이 있어 관자재 하니
무엇을 탐할거나!

내 안에 있는 존자여

누워있는 것 만으루두 행복하다.
말 조차두 힘들 때
침상에서 바라보는 햇살이
삶의 환희로움처럼 다가온다.

오십 구년의 삶이 아프다.
무지개를 잡으려 얼마나 헤맸던가
섬돌 위에 벗어 놓은 고무신 한 켤레.

수행자의 모양새이련만.
한세월 그리 살았구나.
무소의 뿔처럼 그리 살다가 가야지.

아무두 가 본 적 없는 미지의 길을
나는 오늘 이 시점에서 뒤돌아 본다.
얼마만큼 왔을꼬?
내 안에 있는 존자여!

성주 괴공

마지막 남은 가지 새로
찬바람이 인다.
몇 안 남은 나뭇잎은
바람 따라 힘없이 떨구 있구
옹달샘 우물가엔 님의 연서가 주저리주저리
슬픈 이별로 하나둘씩
쌓여만 가는구나.

이 겨울을 어이 보낼꼬.
너를 띄워 보낸 마음이 너무 아파 홀로 북풍한설을 맞으려네.
싸늘한 심장은 이미 겨울인데
언제 이 산천에 꽃 피고 새 울려누!
세월은 이리두 무심한데
찬 하늘 기러기는 높이두 나는구나!

나두 이제는 늙어가나 보다
새벽바람에 잔기침은 늘어만 가구
여느 중 늙은이처럼 되어가네.
저 새벽녘에 머문 달빛이
억새 풀 위에 드리울 제
넋은 이미 서녘을 향해 가고 있구나.
아, 허깨비 같은 세상사여!

무엇을 부처라 이름할까?

산천초목이 다 자성을 보이는데
어느 것은 보이구
어느 것은 미목 조차두 알지 못하는구나!

부처라함은 삼라만상 속에
본래의 면목을 능히 깨침의 자리에서
설 할 수 있어야 하거늘.

우리는 모두가 부처라 하네
깨침의 소리를 들었는가.
야밤 삼경에 촛불이 저 홀로 뛰는 이유를.

아, 성상의 가르침은 이리두 오묘한데
허망한 옛 부처의 명호만 부르구나!

누가 있어 외롭지 않으리.
선자여, 님의 소식을 전할 때에
푸른 청사자 타구 온 문수의 화현을 알리소서!

마음 깊은 곳에서
감로의 법 가득한데
그대의 눈은 허상을 좇는구나.
무엇을 부처라 이름하리!

무상 심심 미묘 법

밤은 이미 새벽으루 향 하구
산등성 어디선가 들려오는
노루 울음소리로 새벽의 정적을 깨운다.
무엇이 그리 서러운지.
애 닳다. 그대여.
달빛은 이미 삭망에 가까운데
동녘 산 중턱에 너는 그렇게 떠 있구나!

주변은 이리두 시린데
북두칠성은 머리 위로 비춰우구
삼태성 별자리 선명하네.
저무는 망월두 동녘길을 쫓아 드러 내구
붉은 태양두 그 길루 향하련만.
나는 어느 길로 향하련가!
선자여.
무엇을 대중에게 전할거나

천지의 벗이여!
무상으루 체를 삼구
심안의 눈을 뜨니
세상 밖 노을이 곱기만 하구나.

무상 속에 깊고 깊은 묘한 법
형형색색이 드러나두
알고 알지 못하는 마음만
시비를 논하려니
어디서 무엇을 찾을거나!

❦

화장세계를 그리며

기해년 새해의 벽두에서

아 나는 무엇인가!

누가 있어 외롭지 않으리

인적없는 산사에는

이 삭풍 부는 계절에

시인 가슴에 띄워 올린 저 달은

모두가 다 존귀하다 존귀함을 잃지 말자

깊은 밤 홀로 깨는 수행자의 삶

그대는 어이해 이 밤을 잠못 들어하는가

이제는 세월을 보내 줄게

미혹된 마음, 어찌 갈무리 할까

무상한 세월 앞에 나 무엇을 내놓으리

먹물 옷 장삼 속에 달빛을 하나 가득 품을 때면

무상이 체가 되고

해탈의 견처에서 흰 소 울음소리를 내는구나

어제 일을 생각하니, 마음 무겁구나

저 하늘 어느 멜런가, 나의 나래를 펼칠 곳이

기해년 새해의 벽두에서

동녘으루 빛의 무리 몰구 올 제
명상 속에서 잠이 깨구
새벽의 환희심 가슴으루 절절하네.
온통 충만함으로 붇다를 깨우리니
선자여!
이 소식 삼천대천세계에
유정 무정의 벗들에게 알리소서.

저 눈 덮인 산상에서 표호하는 호랑이의
당당 함으루 천하를 울려올 제
인왕산의 호랑이
춘성스님의 진신으루 가르침 전하려 하네.
내 비록 흰옷을 걸쳤것만
온갖 잡색에 물들이지 않으려 나 홀로
약산에 주인 되어 머물거나.

나와 벗하는 수많은 대중이여!
가르침은 마음과 마음의
오구감으루 자연히 알아지는 법.

성사의 오구감두 이러한 경계이니
천하 만물이 도의 근원에서 시작됨을 알리려네.
새벽 별 명멸하는 자리에
동녘으루 붉은빛 젖어오네.

아 나는 무엇인가!

입동에 만난
노랑나비 한 마리
여리게 선녀춤을 추는구나.
마당가 한 바퀴
고운 나래 짓 여유로운데.
그대는 시절을 아는지 모르는지.
이유 없는 서러움에 납승은
머언 허공을 향해
님의 이름을 불러 본다.

아!
나는 무엇인가.
내게 나래가 있다면 지금 저 노랑나비처럼
시절을 잊은 건 아닐런지!
시간은 더디기만 하구.
만월은 이미 삭망으로 기우는구나!
내게 주어진 걸망은
어느결에 네려 놓으리.

천산에 바람이 일어
하늘가득 만다라 내릴 적에
저 청산에 이름 없는 넋이 되어 머무르리!
현세의 인과를 쫓아
나 역시 가는 길을 갈 뿐
오구감을 탓하지 않으려네.
오늘 나는 무자화두를 들지 않으리.
존자여!

누가 있어 외롭지 않으리

달빛은 예나 지금이나
변함이 없으련만.
법당 앞에 비춰지는 그림자
수시로 바뀌는구나.

나 외에 또 다른 그림자
어느 결에 나와 같아지리.
찬 바람 부는 동짓달
풍경소리는 밤을 새워 울고
어이해서 긴 밤을 뜬눈으로 보내구
이리두 아픈 새벽을
맞으려는가.

망경창파에 홀로 떠가는
저 배 한 척
걸림은 없을런지 모르지만
누가 있어 외롭지 않으리.
높은 뫼 그늘에 가리워진 채
해 뜨구 해지기를 수없이 반복하련만.

은둔 속에 마음은 아픔만 맴돌구나!
마른 가지 새로 삭풍은
멈출 줄을 모르네.

약산에 핀 연화여!
약산에 핀 연화여!
너는 어이해서 청산을 무대루
법의 소리를 전하려 하는가.
내 안에 있는 존자여!
흰 소의 울음소리가 천지에
메아리 처도 누가 첫닭 우는
소리에 함께 할거나.

내일 모래면 대설인데
동지기도 입재를 그 누구와 하리.

인적없는 산사에는

인적없는 산사에는
풍경만이 홀로 깨었구나!

오늘 새벽 스므나흘 달이 춥다.
달빛은 법당그림자 드리우고
바람은 풍경을 가만두질 않네.
시리도록 너는 바라만 보구
인적없는 산사에는
풍경만이 홀로 깨었구나.

밤은 동지로 향해 가고
저물어가는 시절의 마지막을 어찌 보낼거나.
수많은 인연들, 언제 또다시 같이하리.
붉은 동지팥죽 열말 쑤어
님들 오실 적에 내어놓으리니
그대여 함께 하여 보세.

남산에 걸린 달은
서녘으로 향해가고
또다시 동녘에 붉은 물결
넘쳐나면 그대의 침상에 환희심 가득하리.
오늘 새벽 예불은 관음의 소리로
님을 청하구
님은 미소만 남기구나.

이 삭풍 부는 계절에

아 삭풍 부는 계절에
나는 무엇을 꿈꾸어야 하는가!

자줏빛 곱던 산들바람은
어느덧 삭풍 부는 계절에
가녀린 울림으로
내 앞에 섯네.
저 마지막 남은 잎새 하나
이젠 생명의 온기마저 없구나.
천지는 이미 한 시절을
보내려구 하는데
아직도 못다 한 절절한 마음이
너를 보내려 않으려네.

아!
삭풍 부는 계절에
나는 무엇을 꿈꾸어야 하는가!
동쪽 어딘가에 붉은 물결 넘쳐나면
또다시 삶의 희망 다가올런지.
동지의 정점에서 삭풍에 잃어버린
저 앙상한 나뭇가지처럼
철저히 슬픔을 보내려네.

이젠 백설이 쌓이겠지.
그 무수한 사연들을 덮은 채
깊은 잠을 자고 말겠구나!
동녘에 부는 바람 넘칠 때면
또다시 뜨거운 열정 피어나려는가.
그 숱한 깨알 같은 연서는
하늘가에 은하수를 만들고
명멸하는 시절을 오늘에야 맞는구나.

아히야! 청산 가자.

시인 가슴에 띄워 올린 저 달은

스므 사흘 달이
동녘 허리쯤 비춰 온다.
어제 보았던 그 모습이 아닌 또 다른 너의 모습
너는 그리 변해만 가는구나.
오늘은 낮달 되어 허공 중천에 머물겠지.

있구 없음은
보였다 사라지는 눈어림인데
왜 그리두 집착하누!
밤에만 소임을 다하는 너이기에
더욱더 애닳구나.
추위에 떨구 있는 너의 모습이
눈가에 눈물짓게 만드네.

시인의 가슴에 피워올린
저 달은 그리움의 나래인데.
먹물 옷 속에 내 너를 품으련만.
돌아오지 못할 허상을 안구
긴 시간 그리 살았구나!

주어진 시간 만큼
그대들두 나를 조명하겠지.
예리한 칼날에 내 심장을 도려내듯
문인으로서 남겨진 선승의 화두를.
그립다 그대여!

모두가 다 존귀하다
존귀함을 잃지 말자

티끌 같은 존재 일지라도
어느 누구에겐 성스러운 존재이구
누구에겐 소중한 사람인 걸 이해 하자.

삼라만상은 하나의 물색으루
이뤄지지는 않았으리.
발 밑에 기어 다니는 하찮은 존재 일지라도
자기 소명이 있을터.

성스러움이란
자기를 잘 표출하는 것
이것이 참다운 존귀의 모습이 아닐런지.

이 천지에 자기를 닮은 사람은 없다.
생각이 다르구 모양새두 각기 다른데.
나는 나답게 살구
그대는 그대의 모습으루 존재를 드러내자.

누구를 흉내 내려 하지 말구
스스루 존귀함을 드러낼 때
그대 또한 가치 있는 삶이 펼쳐지리니.

새해 첫날 그대 하구의
인연이 최고의 날인 것을.

축복합니다
축복합니다
축복합니다.

깊은 밤 홀로 깨는 수행자의 삶

새벽녘 영혼마저두 잠든 고요 속에서
심령의 해갈을 부르는
빗소리에 잠이 깨었네.
새벽 두시반
도드락, 도드락 추녀 밑으루 떨어지는
저 빗소리
느낌만으로두 행복한 것은 왜일까?

마음속 깊은 곳에서 해갈의 비가 내린다
동토의 심장 속에 스며드는
영혼의 두근거림 그대는 아시는가!
명상 속에서 잠이 들구
깊은 밤 홀로 깨이는 수행자의 삶을.
구도의 길과 가르침의 자리에서 길을 가네!

잘 정제된 법문보다 맑고 투박한
다듬지 않은 진여의 외침에
그대는 생소하지 않으련가!
날마다 나는 붓다의 소리를 듣는다.
심장 속에서 살아 숨 쉬는 정제된 감로의 법을.
누구와 함께하리
천산은 내게 너무 버겁구나!

그대는 어이해
이 밤을 잠 못들어 하는가

동짓달 초하루의 밤은 왜 이리두 기누!
밤새 주련은 삐그덕 삐그덕
소리를 내구
풍경은 놀라서 온 몸을 떠는구나.
모두가 적멸로 향하는데.
그대는 어이해 이 밤을 잠못 들어 하는가!
깨어있는 의식은 깊이 잠든
그대의 내면을
흔들구두 남으련만.
동토의 무심은 한철을
그리 보내려 하는구나!

내게 있어 안거(安居)는 어떤 의미 이려누.
장좌불와의 시간을 보낸다 해두
새벽 별 명멸하는 시간에 그 누구와 대화하리!
천산의 주인은
이 약산에 연화로 소식 전하 것만.
그대는 물가에 피어나는
연화만을 생각하는구나!

아! 약산에 핀 연화여!
약산에 핀 연화여!

흰 소의 울음소리
수행자의 가슴속에 메아리 저두
돌부처의 허상만 쫓는 그대가
안거에서 언제 깨이려누!
이젠 달두 뜨지 않는 밤을 가야 하겠네.
언제 광명 가득한 달빛 또다시 만나려는가!

존자여.
흰옷 입은 님이시여!
묘한 법 설하여두
시방의 시절은 겨울을 맞는구나.
이 일을 어이할꼬.

이제는 세월을 보내 줄께

망부석 되었다가
아직두 내려 놓지 못한 맘
거두지 못 하구 있는데.
세월은 벌써 한 해가 간단다.

너두 나두 그리움이 무엇인지 아련만은
어찌 이리두 시절은 야속하기만 한 지.

이제는 세월을 보내 줄게.
망부석 눈가엔 눈물이 얼어 버렸구나!
이 아침에 너는 그리두 시리련만.

못다 한 미련일랑 남겨두고
어여 새해의 소망 열어
임 마중 하자구나!

미혹된 마음, 어찌 갈무리 할까

오늘 밤 자구나면
흰 눈이 소복히 쌓이겠지.
돌아온 길 잊으라 길을 막아 놓구
산모롱이 돌아 자욱자욱
움켜쥔 삶의 흔적들.
이제는 내려놓아야지.

가슴에 남긴 추억의 일기장
흐르는 눈물이 다시는 기약이 없구나.
미혹된 마음 어찌 갈무리 할런지.
흰 소의 울음소리는
이미 들은 지 오래지만
산승의 귓전엔 회오리 바람만 인다.

인적두 돌아 갈 길두 끊기면 좋으련만.
새소리 아침 일찍 들려오는
그곳에서 오롯이 회한의 시간을 보낼거나.
머—언 시간이 흐르구 나면
청산의 물색두 바래겠지.

무상한 세월 앞에 나 무엇을 내놓으리

온갖 잡색에 물들지 않으려
은산 철벽을 둘러치구
결가부좌의 세월을 보냈네!
뜰앞에 소나무두 모습에서 기품이 나오련만.
무상한 세월 앞에 나는 무엇을 내놓으리.
무상아! 무상아!

독불을 끌어 안구
홀로 은둔의 세월을 살았구나.
눈 덮인 천지에서
아! 나는 무상을 노래하지만
저 앞산의 소나무
긴 세월 나와 함께 했네!
저 소나무 화장하면 사리가 나올런가!

천년의 향기가 임에게서 피어올라
불법의 바다 이뤘건만.
임은 어디에 계시려누?
돌에 피워올린 돌 이끼 가사 장삼이 되었구나.
팔공산 산내를 휘돌아
문수를 친견하구
백화산에서 임을 맞으려네.

먹물 옷 장삼 속에
달빛을 하나 가득 품을 때면

달은 뒷산 산마루에 걸리구
세상은 아직 잠에서 곤한데.
달빛을 등지구 울어오는
저 부엉이 소리
심야의 정적을 일깨우는구나.
서산에 기우는 만월두
섣달 보름 수행자의 마음에
환희심을 열어오네.

아!
나는 잃어버린 삼십 년을
그대가 있어 외롭지 않았구나.
먹물 옷 장삼 속에 달빛을 하나 가득 품을 때면
세상사 무엇이 부러우리!
붓을 들어 게송을 전할 때에
무애 가를 부르려네.

마음 밖 풍경은 소리 요란할지라도
성상의 심안 속에 비친 달은
고요하고 고요하여 명월을 품는구나!
보리수 아래 님의 향기
오늘 내게 전해오니
북창에 풍경소리 요란하네!

무상이 체가 되고

무상이 체가 되구
고요와 적멸이 내 앞에 가지런한데.

구름은 청산을 낮게 드리우구
산허리를 휘감는 저 바람은
우수에 잠긴 마음에
슬픈 곡절을 몰구 오는구나!
이 산천에 들어온 지
얼마나 세월이 흘렀던가.
환희심으로 밤잠을 설쳐대구
오직 그대의 이름을 목메이도록 외쳐대며
천지에 바람소리를 전했었네.

무상이 체가 되구
고요와 적멸이 내 앞에 가지런한데.
만공 중에 오늘은 꽃비가 되어 내리구나!
마당 앞에 가지런한
장작더미는 풍요롭기만 하구
꿀벌들은 제 할 일루 분주한데

세상사 그네들의 아픈 신음 소리
곡절 없이 슬프기만 하구나.

허공을 휘돌아 볼 제
겹겹이 울이 처진 나의 작은 쉼터에
청승맞게 개구리 소리가
비의 음율을 노래하는구나.
한 물상 드리울 적에
천지는 관음의 소리루 가득하구
노자의 도가 예서 숨을 쉰다.
아!
무상아, 무상아!

해탈의 견처에서
흰 소 울음소리를 내는구나

쪽쪽새가 마당가에 내려앉아
밤새 울어온다. 쪽쪽 쪽쪽쪽.
깊게 드리운 어둠 저편에서
기계의 소음처럼 밤의 무게를 더하구나.
적막한 공간에 너와 내가
깊이를 알 수 없는 밤을 함께 했네.
너는 너대로 나는 나대로 메시지를 전하 것만.
들어줄 이는 어디에두 없구나.

세상이 들어주지 않는다면
귀신에게라두 전해야지.
이 허공 가득한 천지에
형체두 없구 모양두 없는 그대는 밤 깊은 촛불 사이로
내 심장을 파구 드는구나.
나를 통해 너는 얼마나 맑아지려는가!
코앞까지 와두 알아듣지 못하더니
내 심지루 들어와 내 법문을 듣는구나.

저 밤을 함께 한 쪽쪽새는
소리루 그대의 뜻을 전하련만
나는 희미한 촛불 속에 마음을 전했네.
아! 열반아, 무상아!
해탈의 견처에서
흰 소의 울음소리를 내는구나.

석승의 주장자는
억억 천천의 마구니를
해탈의 피안으루 인도 할 거나
나무 불! 나무 법! 나무 승!

어제 일을 생각하니, 마음 무겁구나

이른 새벽부터 창가에
날아와 노래를 불러주는 너는
이름없는 천사구나.
고요한 정적에서
잔잔한 환희심으로 마음을 여네.
혼자 침상에서 잠이 깨구
이 쓸쓸한 적막감을
너가 있어 조금은 덜 외롭구나.
오늘 아침은 좀 게으름을 피우구 싶으련만.
천리 길 다녀올 생각에 마음은 벌써 분주하다.

하늘은 잿빛으루 흐려 있구
운무 낀 계곡의 아침은
또 다른 풍경을 보여 오네.
어제의 일을 생각하니 마음이 무겁구나!
아히야, 어찌해야 하누.
몸은 육십년 세월을 지탱하기가 버거우려네.
어이 갈거나 오늘 내가 가는 이 길이
오직 진여의 몫이려니.

내가 나를 너무 옭아메었는갑다
오직 이 허물어 져가는 사대를 부여 잡구
천지의 가르침을 쫓아 세월을 낚았네!
이제 이 무상한 고깃덩이
잠잠할 날이 없구나.
서녘으루 물 드는 저녁 노을같이
이제 머지않아 머물구 머물지 않음을
근심하지 않으려네!

저 하늘 어느 멜런가,
나의 나래를 펼칠 곳이

저 하늘 어느멜런가!
나의 나래 펼칠 곳이.

부질없는 세상사에서
무엇을 얻고자 꿈을 꾸었을꼬.
중생, 중생아!

천산을 끌어안고 목놓아 울어봐도
아우성치는 아귀 속 세상을
어찌 할수가 없구나!

바늘귀 한 구멍 들어갈 자리 없는
그대의 심지엔 무엇을 진여라 하리.

홀로 벽지 불 되어
천산에 둥지를 틀었것만
소 몰구 밭 일구는 일에두 시비를 논하구나.

눈이 있어도 보지 못 하구
귀가 있어도 듣지 못하니
어느 세월에 참과 거짓을 알아보려는가?

아아! 중생, 중생아.
나는 세상을 보구 웃구
세상은 나를 보구 쓴웃음 짓네.

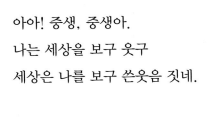

도일스님 제3 선시집

아히야, 청산 가자

발행일 : 2019년 8월 10일 제 1쇄 발행

기   획 : 한국불교청소년문화진흥원

발행처 : 코레드 디자인 02-2266-0751~2

전   화 : 02-425-3002

전자주소 : kbm0747@hanmail.net

ISBN 979-11-89931-02-5

값 : 15,000원

이 도서의 국립중앙도서관 출판예정도서목록(CIP)은 서지정보유통지원시스템 홈페이지(http://seoji.nl.go.kr)와 국가자료종합목록 구축시스템(http://kolis-net.nl.go.kr)에서 이용하실 수 있습니다. (CIP제어번호 : CIP2019028012)